AF563407

WOOLY
Y EL BUEN PASTOR
Escrito por Elizabeth Fust
Ilustrado por Zachariah Stuef

Wooly y El Buen Pastor



Edición y diseño de libros por Jansina de Rivershore Books
Ilustraciones por Zachariah Stuef
Traducido por Amanda Almodovar

ISBN: 978-1-63522-021-6

Impreso en los Estados Unidos de América
10 9 8 7 6 5 4 3 2 1

Rivershore Books
8982 Van Buren St. NE · Minneapolis, MN 55434
763-670-8677 · info@rivershorebooks.com

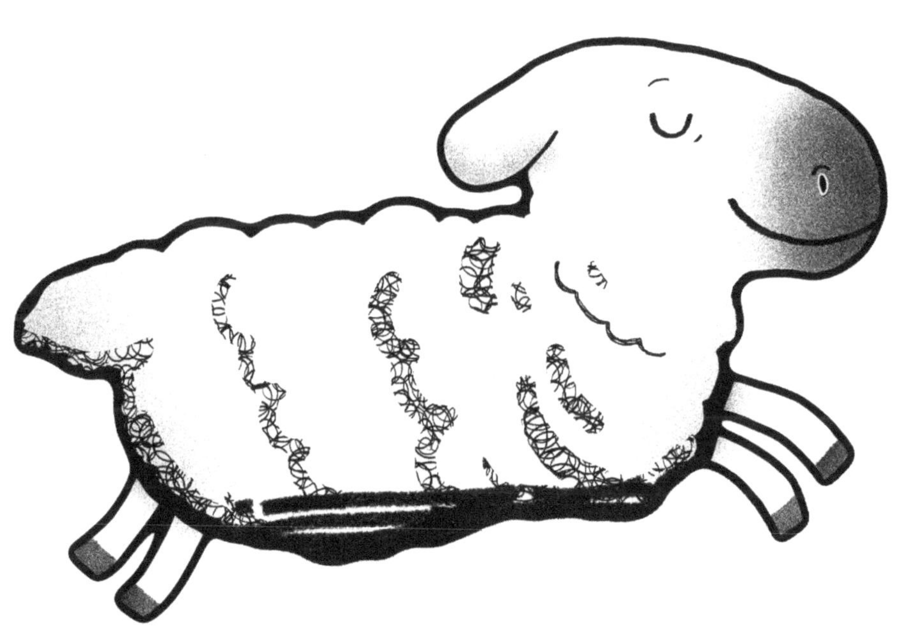

Wooly era miedoso- un pequeño cordero miedoso. Él estaba teniendo un mal día.
Todo el día, multitudes de personas han pasado por su pastar en camino a Belén.
A Wooly no le gustaban las multitudes; él tenía miedo de la gente.
Él era solo un pequeño cordero, y los humanos eran tan grandes.
El único humano a quien Wooly le gustaba era su Pastor.

Wooly no sabía por qué tantas personas venían a
Belén ese día.
Solamente sabía que algo tenía que ver con el rey.

Todos los otros corderos se reían de Wooly porque él tenía miedo de los humanos. Y él tenía miedo de las abejas. Y él tenía miedo de los lobos. Y Wooly aún tenía miedo de la oscuridad.

Cuando se escondió el sol, algunos de los otros corderos se rieron de Wooly e intentaron asustarlo con historias de terror. "Déjalo en paz," dijo el Pastor amable de Wooly, y ellos se pasearon a buscar un lugar cómodo en el rebaño para dormir.

Wooly no fue con los otros para acostarlo en el pastar. Su Pastor se durmió en la puerta de entrada del corral para proteger a los corderos durante la noche, entonces Wooly se acostó al lado de él. Él nunca tenía miedo de cosas aterradoras cuando su Pastor estaba allí.

De repente, a medianoche, el Pastor se levantó, despertando a Wooly. Todos los pastores estaban mirando al cielo. Una estrella bonita iluminó la noche para que la noche no más fuera oscura.

Algo apareció en el cielo. Era como una persona, ¡pero con alas de pájaro! Wooly se escondió detrás de su Pastor. Entonces la persona que parecía un pájaro habló, "No tengas miedo." ¡Pero Wooly tenía miedo de esta persona que parecía un pájaro!

"¡Yo vengo con noticias de gran alegría!
Hoy en Belén nació un niño.
Tú hallarás el bebé envuelto en pañales,
echado en un pesebre."

Eso no tiene sentido, pensó Wooly.
Los pesebres no eran para los bebés,
eran donde los animales comían.

Entonces de pronto más personas que
parecían pájaros se aparecieron.
Ellas llenaron el cielo entero
y empezaron cantando

"¡Gloria al Rey recién nacido!
Paz en la tierra y misericordia suave,
¡Dios y los pecadores reconciliados!
Cristo nace en Belén."

Wooly asomó por detrás de su Pastor. Que significaron, ¿un Rey recién nacido? Temblando, Wooly salió de su escondite para ver a las personas que parecían pájaros. "Mira todos los ángeles, Wooly," dijo su Pastor. ¡Las personas que parecían pájaros eran llamadas ángeles!

"Ellos quieren que sigamos a esa estrella," dijo el Pastor.

Todos los pastores despertaron al rebaño y empezaron a manejarlo para seguir a la estrella.

"¿A dónde vamos? ¿Qué está pasando?" todos los corderos estaban preguntando. "¿No vieron a todos los ángeles?" pregunto Wooly.

Pero ninguno de los corderos les habían visto, y no creyeron a Wooly cuando él le contó la historia.

Los pastores caminaron hasta Belén, donde las multitudes de personas habían viajado. Había tanta gente que un pastor dijo que todas las posadas estaban llenas, y no había habitaciones para la gente. Wooly estaba contento de que las personas estaban durmiendo y no en el camino con los pastores y los corderos.

Finalmente los pastores se pararon en un establo lleno con muchos animales. Adentro, había un hombre y una mujer amable. El Pastor de Wooly se fue para hablar con ellos, dejando los corderos afuera. Entonces él llamó a los otros pastores a mirar a dentro del pesebre. Lo que vieron los emocionó mucho.

"¿Qué hay ahí?"
uno de loscorderos preguntó.
"Yo no se. ¡Mira!" un otro dijo.
"¡Yo voy a mirar!" dijo Wooly.
"No, Wooly, tú no vas a mirar.
¡Tú tienes demasiado miedo!" todos los
corderos dijeron.

Wooly fue el único cordero que vio a los ángeles. Él quería saber que significaba su canción. Él no quería tener miedo. Él era demasiado curioso; él quería ser valiente y descubrir que estaba pasando. Lentamente, Wooly se dirigió hacia el pesebre. ¿Que había emocionado tanto a los pastores? Por lo general, los pesebres se usaban para alimento. Tal vez hubo algo bueno para comer.

El asomo su cabeza en el pesebre y entonces lo vio. ¡Un bebé! Un pequeño bebé humano feliz. Los ángeles habían dicho que había un bebé recién nacido. ¡Un rey recién nacido! Wooly acarició al bebé con su nariz, y el bebé se rió. A Wooly le gustaba el bebé. Él no tenía miedo del bebé como a la gente grande. El bebé extendió la mano y tocó la nariz de Wooly. Wooly se sintió como cuando estaba con su pastor; ya no estaba asustado.

"Vengan a mirar; ¡vengan a ver!" Wooly llamó a los otros corderos.

**"¡Es un bebé- un rey bebé!"**

Todos los corderos y los pastores se reunieron; habían sonrisas y voces altas. Porque Wooly ha sido valiente, él ha conocido al rey bebé.

Los ángeles habían dicho que habría paz en la tierra. Después de conocer al rey bebé, Wooly se sintió en paz. Wooly se sintió como cuando estaba con su pastor. Wooly ya no tenía miedo de nada.

## Elizabeth Fust

(Autora)

Elizabeth ha estado escribiendo desde que era una niña y planea seguir escribiendo cuando sea una viejecita. Elizabeth es la autora de este libro ilustrado y el otro libro ilustrado "El Cuento del Gatito Hambriento." También ella ha escrito muchas historias cortas y artículos de fondo sobre sus aventuras. Su escritura está profundamente inspirada en la belleza alrededor de su hogar, donde ella vive entre el Lago Superior y las montañas de la península superior de Michigan.

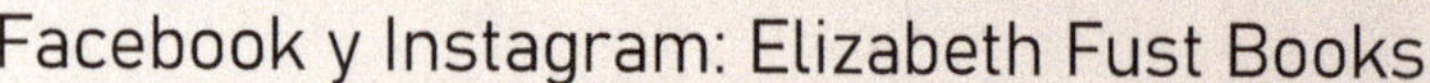

Facebook y Instagram: Elizabeth Fust Books
Sitio de red: https://elizabethfust.wixsite.com/booksbyelizabethfust

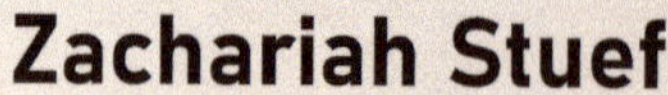

## Zachariah Stuef

(Ilustrador)

Zachariah siempre ha querido ilustrar los artículos, libros y anuncios. El se siente honrado para tener "Wooly" como su primer libro ilustrado para niños. La mayoría de su trabajo es inspirada por su fe, su imaginación hiperactiva, y la frase latina "¡Carpe Diem!" En el pasado él ha ilustrado para Our Daily Bread Ministries, Unleash the Gospel Detroit, y Passages North.

Instagram: @stuefcreative
Otros medios de comunicacion social: Stuef Creative
Sitio de red: https://www.stuefcreative.com

## Amanda Almodovar

(Traductora)

Amanda es una trabajadora social, dramaturga, esposa y madre de 3 niños increíbles en Carolina del Norte.

Instagram: @almowriter

Dedicado a mi madre y mi padre. Gracias por ayudarme a soñar, escribir y publicar.

Un agradecimiento especial a la familia Meister y a la granja de arboles de Navidad de la familia Meister por su amistad y apoyo.


## Agradecimientos

¡Gracias a Zach por tu esfuerzo y creatividad! Le diste vida a mi cuento mejor de lo que podría haber imaginado.

¡Gracias a Jansina de Rivershore Books por tu gran trabajo! Tu ayuda, amistad y tutoría significan mucho para mí.

¡Gracias a Katelyn Meister, Elizabeth Bertucci, Amy Jo Klas, y todos los que eran lectores beta para Wooly y el Buen Pastor!

**Rivershore Books**

www.rivershorebooks.com
info@rivershorebooks.com

www.ingramcontent.com/pod-product-compliance
Lightning Source LLC
LaVergne TN
LVHW070417250826
846485LV00014B/77

* 9 7 8 1 6 3 5 2 2 0 2 1 6 *